笔尖上的 無錫

WUXI ON THE NIB

蒋粤闽 著

中国·武汉

图书在版编目(CIP)数据

笔尖上的无锡/蒋粤闽著.—武汉:华中科技大学出版社,2023.11
ISBN 978-7-5772-0125-2

Ⅰ.①笔…　Ⅱ.①蒋…　Ⅲ.①无锡—概况　Ⅳ.①K925.33

中国国家版本馆 CIP 数据核字(2023)第 197944 号

笔尖上的无锡
Bijian Shang de Wuxi

蒋粤闽　著

策划编辑:彭中军
责任编辑:刘姝甜
封面设计:孢　子
责任监印:朱　玢

出版发行:华中科技大学出版社(中国·武汉)　　电话:(027)81321913
　　　　　武汉市东湖新技术开发区华工科技园　　邮编:430223
录　　排:武汉创易图文工作室
印　　刷:武汉精一佳印刷有限公司
开　　本:889 mm×1194 mm　1/12
印　　张:8
字　　数:58千字
版　　次:2023年11月第1版第1次印刷
定　　价:128.00元

本书若有印装质量问题,请向出版社营销中心调换
全国免费服务热线:400-6679-118　竭诚为您服务
版权所有　侵权必究

蒋粤闽

毕业于中国美术学院,副教授,就职于江苏信息职业技术学院艺术设计学院,为环境艺术设计专业负责人。长期从事环境艺术设计方面的研究与教学工作。出版专著《景观设计与美学创意》,主编专业教材11部,其中《室内软装饰》获评江苏省高等学校重点教材建设项目。主持省市级各类课题多项。2021年获评江苏高校"青蓝工程"优秀青年骨干教师。设计作品多次获奖并被企业采用,指导学生在各级各类专业赛中多次获奖。

前言

每个城市都有它独特的故事与魅力，无锡的故事，就在烟波浩渺的太湖里，在穿城而过的京杭古运河里，在清名桥畔水弄堂的人间烟火气里。无锡是个历史名城，简称"锡"，古代别称梁溪，是江苏省辖地级市，北倚长江，南滨太湖，被誉为"太湖明珠"，是一块依山傍湖的风水宝地、鱼米之乡。无锡境内以平原为主，星散分布着低山、残丘。无锡素有"布码头""钱码头""窑码头""丝都""米市"之称，吴越文化底蕴深厚，是中国民族工业和乡镇工业的摇篮、苏南模式的发祥地，经济发达，交通便利，工商业繁华，是苏锡常都市圈的重要组成部分，素有"小上海"的美称。

无锡地处江南，有很多古时候遗留的建筑，如书院等，很符合大多数人想象中的江南形象，是一个很适合生活的城市。无锡没有其他大都市那样的繁华和热闹，却秀雅别致，有自己的江南风韵。千年悠悠，流水依然，宜清风、宜明月、宜樱花、宜微雨，此间风流，道不尽、唱不绝。对我这样一个土生土长的无锡人来说，无锡的过去、现在和将来都是值得骄傲的，所以我心里一直有个念头，希望能为无锡这座迷人的城市做点什么。思来想去，我不由自主地拿起了画笔。我自幼习画，长大后有幸能将儿时的爱好作为职业。希望可以通过速写的方式，以一个路人的视角，将无锡的大街小巷、古建民居描绘于纸面，用画笔记录无锡的城市印象，让笔尖上留下无锡那份美好。这也是本书创作的初衷。

目录

印象一　古建民居篇

清名桥系列　/ 2
南长街系列　/ 5
南禅寺　/ 9
渤公岛　/ 10
寄畅园　/ 11
蠡园春秋阁　/ 12
惠山古镇系列　/ 13
长春桥　/ 15
天下第二泉　/ 16
巡塘古镇　/ 17
荡口古镇　/ 18
南下塘　/ 19
小娄巷　/ 20
阳春巷　/ 21
跨塘桥　/ 22
会仙桥　/ 23
赏樱楼　/ 24
包孕吴越　/ 25
鹿顶山　/ 26
鼋头渚的灯塔　/ 27
灵山大佛　/ 28
拈花湾　/ 29
荣巷　/ 30
梅园冬日　/ 31

印象二　城市地标篇

市中心街景系列　/ 33
三阳广场　/ 38
无锡基督教堂　/ 39
无锡大剧院　/ 40
文渊坊　/ 41
万象城　/ 42
无锡博物馆　/ 43
无锡市妇幼保健院　/ 44
无锡八佰伴　/ 45
大成巷　/ 46
火车站前　/ 47
"大茶壶"　/ 48
T12大厦　/ 49
财富古运河酒店　/ 50
邮电大厦　/ 51
新华书店　/ 52
老图书馆　/ 53
新图书馆　/ 54
崇安寺阿炳雕像　/ 55
恒隆广场　/ 56
北仓门　/ 57
王兴记　/ 58
新体中心　/ 59
润华国际大厦　/ 60
胜利门广场　/ 61
金匮桥　/ 62

君来湖滨饭店　/ 63
古罗马大酒店　/ 64
逅海主题酒店　/ 65
湖滨商业街　/ 66
科创园　/ 67
无锡国家工业设计园　/ 68
太湖边的摩天轮　/ 69
中国海关　/ 70
无锡的凯旋门　/ 71
蠡湖之光　/ 72
红豆国际大厦　/ 73
三凤桥肉庄　/ 74
蠡湖中央公园　/ 75
中国银行大楼　/ 76
华光珠宝城　/ 77
崇宁路路口　/ 78
融创无锡太湖秀剧场　/ 79
融创茂　/ 80
梵宫　/ 81
崇安寺拱北楼　/ 82
太湖广场　/ 83
消逝的欧洲城　/ 84
运河外滩　/ 85
登上苏宁凯悦鸟瞰无锡　/ 86

印象一　古建民居篇

清名桥系列

清名桥是有着悠久历史的古桥,始建于16世纪晚些时候的明万历年间。它是无锡寄畅园的主人秦耀的两个儿子捐资建造的,因兄弟俩的大名分别是太清、太宁,因此各取一字,将桥叫作"清宁桥"。这座石桥在清康熙八年(1669年),由无锡县令吴兴祚重建。到了道光年间,因讳道光皇帝的名字旻宁,此桥改名为清名桥,也有人称它为"清明桥"。

图1 清名桥随笔一

图2 清名桥全景摄影

清名桥系列

1986年,清名桥被列为无锡市级文物保护单位。因两岸地势高低关系,东西石级不等,东有石级46级,西有43级。拱圈为江南常见的分节平列式,共11节,圈洞两面的圈石上,各有题刻:一立于清咸丰年间,介绍桥梁和更改桥名经过;一立于同治年间,介绍重建清名桥的始末。桥栏上没有雕饰,每侧立两个望柱,显得十分古朴。1983年,在桥东西侧发现清代石碑两方:一为邹一桂所书,乾隆三十一年立;一为同治九年九月立。

笔尖上的无锡

图3 清名桥随笔二

图4 清名桥一侧摄影

清名桥系列

古运河水流　南禅钟悠悠　从古流到今　从冬流到秋
日出岸花红　春来绿如蓝　船上一位渔家女　为谁在等候
古运河水流　清名桥上走　三月桃花舟　杏花风雨后
你在舟中游　我在水边留　美丽的姑娘　是否向我在招手
春来春去又一回　莫让年华付水流　人面桃花去　白了少年头
月上柳梢好时候　人约黄昏后　在水一方心上人　何时牵上你的手

——山奇系列歌曲《印象·江南》之《古运河之恋》

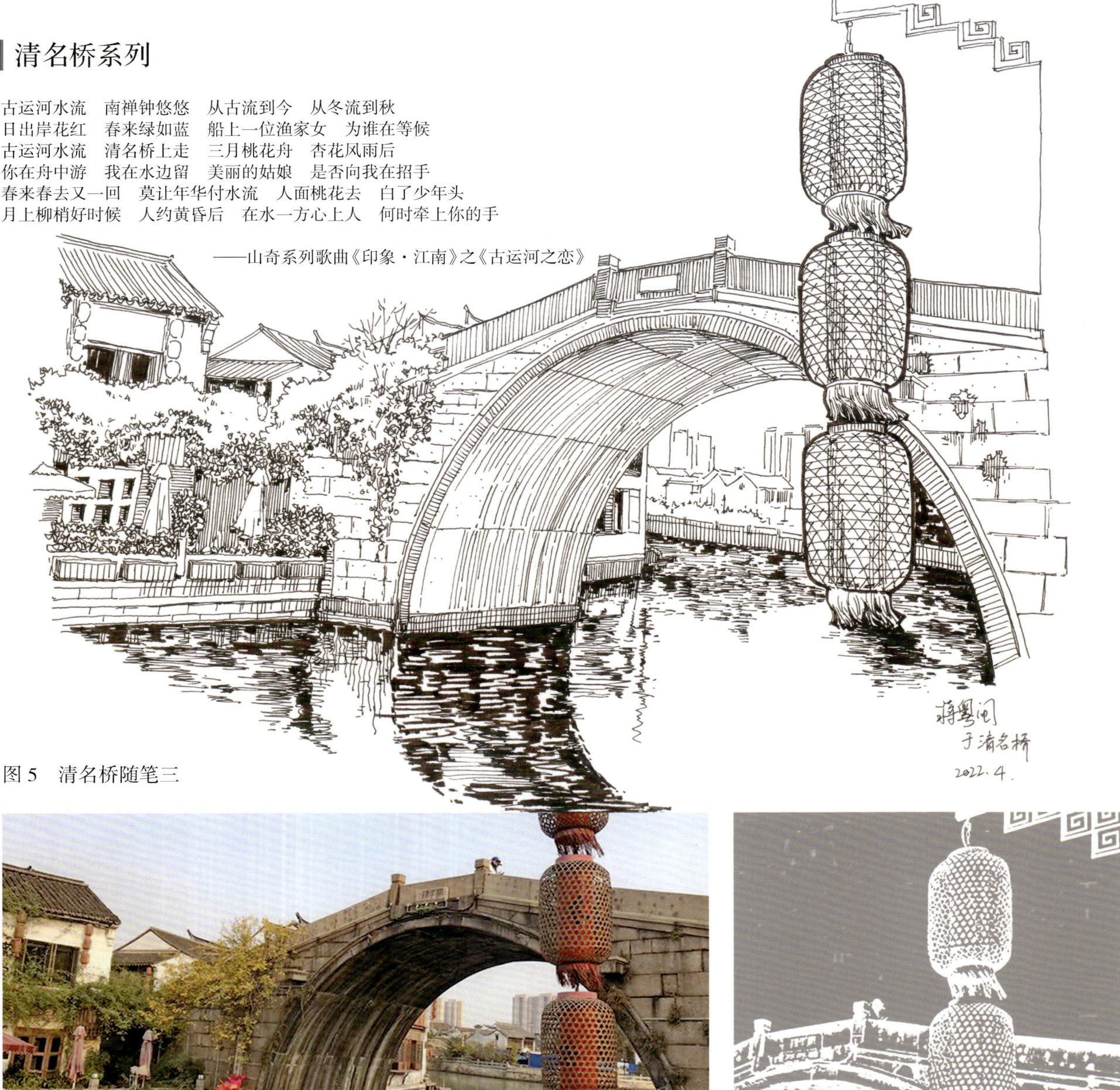

图 5　清名桥随笔三

图 6　清名桥一角摄影

南长街系列

笔尖上的无锡

图 7 南长街牌楼写生

图 8 南长街牌楼摄影

南长街系列

图 9　南长街一角写生

图 10　南长街一角摄影

南长街系列

图 11　南长街 51 街写生

图 12　南长街 51 街摄影

南长街系列

在古运河建筑群中有一个"另类"实在不能不提,那就是南长街张氏嘉乐堂对面的"楼歪歪",名叫歪歪楼。该建筑为两层楼,因建筑上半部倾斜了15°而得名。

图 13 南长街歪歪楼写生

图 14 南长街歪歪楼摄影

南禅寺

图15 南禅寺广场写生

南禅寺，又名福圣禅院，位于江苏省无锡市梁溪区向阳路32号无锡南禅寺景区北区内，地处无锡老城南隅、古运河畔。南禅寺始建于南朝梁太清元年（547年），初名护国寺，为"南朝四百八十寺"之一；北宋雍熙元年（984年）建塔（后名妙光塔）；北宋天圣年间（1023—1031年）重修寺院，赐额"福圣禅院"，俗称"南禅寺"，有"江南最胜丛林"之称。

图16 南禅寺广场摄影

渤公岛

图 17　渤公岛写生

图 18　渤公岛摄影

寄畅园

图 19 寄畅园随笔

寄畅园，又名凤谷行窝、凤谷山庄、秦园，位于江苏省无锡市梁溪区惠山古镇景区文物古迹区内，地处无锡市西郊东侧的惠山东麓，毗邻惠山寺；明正德年间（1506—1521年）扩建成园，兴盛于明万历至清乾隆年间，是江南地区山麓别墅式古典园林、无锡市唯一的明代古典园林，与瞻园、留园、拙政园并称江南四大名园。

图 20 寄畅园一角摄影

蠡园春秋阁

图 21 蠡园春秋阁写生

图 22 蠡园春秋阁摄影

惠山古镇系列

图23 惠山古镇随笔

惠山古镇，位于中国江苏省无锡市梁溪区西部，景区面积为3.5平方千米，核心区域面积为1.09平方千米，著名景点有历史可追溯至南北朝时期的惠山寺，唐代和明清时期在寺旁建有园林、祠堂，形成惠山古镇。中华人民共和国成立后，开发建设锡惠公园。2017年，锡惠公园与原惠山古镇合并，组成惠山古镇景区。

图24 惠山古镇摄影

笔尖上的无锡

惠山古镇系列

笔尖上的无锡

图 25 锡惠胜境随笔

图 26 锡惠胜境摄影

长春桥

笔尖上的无锡

图27 长春桥随笔

图28 长春桥摄影

天下第二泉

图 29　天下第二泉写生

图 30　天下第二泉摄影

惠山泉位于江苏省无锡市西郊惠山古镇景区锡惠公园内，相传经中国唐代"茶圣"陆羽亲品其味，被陆羽称为"天下第二"，故又名陆子泉，被乾隆御封为"天下第二泉"，被唐代诗人李坤称为"人间灵液"。惠山多清泉，历史上有"九龙十三泉"之说。位于惠山寺附近的惠山泉原名漪澜泉，相传它是唐朝大历末年（公元779年）由无锡县令敬澄派人开凿的。惠山泉共两池：上池呈八角形，水色澄碧，饮水都在这里汲取；下池方，虽一脉相通，但水质不及上池清澈。陆羽在他所著的《茶经》中排列名泉20处，无锡惠山泉位居第二。

巡塘古镇

笔尖上的无锡

图 31　巡塘古镇随笔

图 32　巡塘古镇摄影

荡口古镇

图 33　荡口古镇随笔

图 34　荡口古镇摄影

南下塘

图 35　南下塘随笔

无锡南下塘是历史悠久的街道，与大名鼎鼎的无锡南长街隔了一条古老运河相望。河塘有上下塘之分，沿岸道路便被称为上、下塘街。有"老无锡"讲，过去无锡南长街分为南、北两段，靠南禅寺一段过去叫北长街，南长街确实曾叫上塘，最早仅指从界泾桥弄到南水仙庙一段。过去下塘有米厂、烧窑业、丝厂、船码头、戏院、饭店等，有"上塘十里能兴市，下塘十里能烧窑"之说。

图 36　南下塘摄影

小娄巷

笔尖上的无锡

图 37 小娄巷随笔

图 38 小娄巷摄影

小娄巷为位于江苏省无锡市梁溪区的一处历史文化街区,是无锡市四大历史文化街区之一,其东、西分别至苏家弄和新生路,南、北分别至崇宁路和福田巷,现存北面和南面的东半部,占地面积约为4万平方米。小娄巷为无锡谈氏和秦氏两大名门望族的世居之地,始于宋代,盛于明清。自宋代以来曾有一位状元、十三位进士和十五位举人出自此处,到当代,两院院士、著名高校校长亦频出此处,因此,小娄巷是无锡有名的"才地"。现存建筑以晚清至民国时期的为主。

阳春巷

图39 阳春巷摄影

阳春巷是无锡的老街区，这里主要是以青砖为主的民国建筑，能让人感受到无锡在民国时期的繁华。这里有酒吧、餐厅，最有特色的是不同店面的各式各样的装修，个性十足。

笔尖上的无锡

图40 阳春巷写生

跨塘桥

跨塘桥是无锡古运河贯城而过形成的水弄堂文化景观中的一个景观桥,与清名桥同处南长街区域。该桥原名阳春桥。

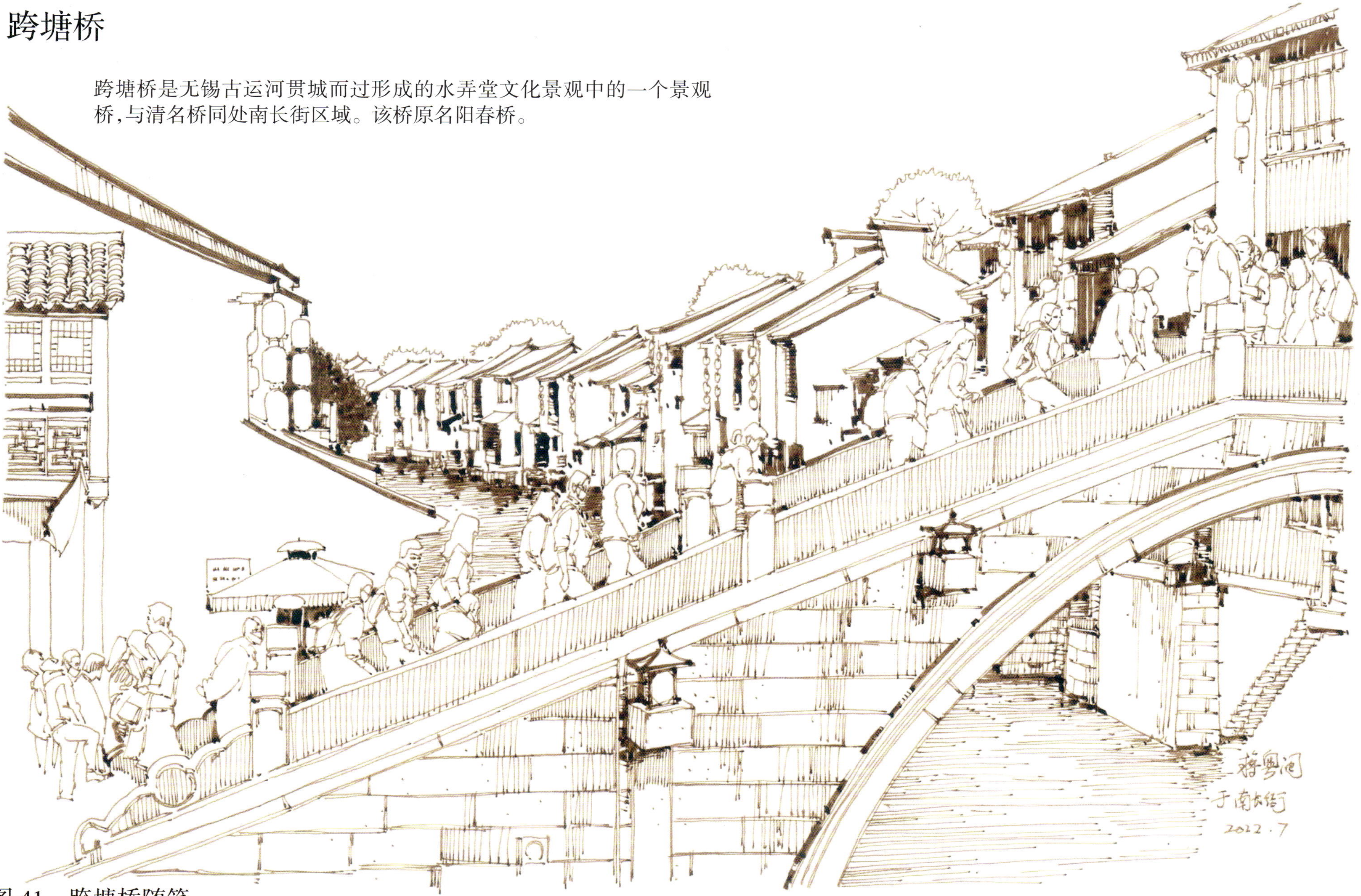

图 41　跨塘桥随笔

图 42　跨塘桥摄影

会仙桥

会仙桥是一座五孔五亭桥,如彩虹般横跨在小矶和大矶之间,前身是惠山大德桥,20世纪50年代末由于开挖京杭大运河无锡段新运河,拆迁到此。桥头有副对联"过此桥是玉虚境,到彼岸非本来我",意指此桥是仙凡相会的纽带,到了桥那边就是进入仙境了,因此,在无锡人的记忆中会仙桥往往带着一丝仙气。

图43 会仙桥随笔

笔尖上的无锡

图44 会仙桥摄影

— 23 —

赏樱楼

图45 赏樱楼随笔

图46 赏樱楼摄影

赏樱楼是江苏省无锡市太湖鼋头渚风景区内樱花谷的标志性建筑之一,也是赏樱花的好去处。鼋头渚风景区的景点有很多,但最让游客流连忘返的还是樱花谷的粉色樱花,而欣赏樱花的绝佳位置,当属那粉色花海中耸立的赏樱楼。赏樱楼是一座很有唐代风格特色的建筑,屹立在鼋头渚风景区樱花谷的粉色中,独特又别有韵味,和周围的自然生态有机融合,形成一道亮丽的风景线。

包孕吴越

图47 "包孕吴越"随笔

"包孕吴越"意思就是太湖似母亲般地孕育着这一带的人民。太湖，是我国五大淡水湖之一，在江苏省南部，邻接浙江省，有"包孕吴越"之称。太湖美，美就美在太湖水，"三万六千顷"湖水弥漫，山峰、岛屿散立，自然风光秀丽雄浑。鼋头渚的美丽景致，很早以前就被人们所向往。萧梁时，此地建有"广福庵"，为"南朝四百八十寺"中的一处。

图48 "包孕吴越"摄影

笔尖上的无锡

鹿顶山

鹿顶山,有"鹿顶迎晖"一景,位于鼋头渚的东边,海拔96米,地势优越,景色宜人。鹿顶山原来的名字叫"六顶山",因"六"和"鹿"在吴语里谐音,再加上吴王喜欢养鹿,就改名为"鹿顶山"了。

图 49 鹿顶山随笔

图 50 鹿顶山摄影

鼋头渚的灯塔

图 51　鼋头渚的灯塔摄影

位于无锡鼋头渚端部的灯塔，是整个风景区上镜率最高的景点之一。早在横云山庄创建伊始，山庄主人杨翰西即在鼋头渚之上立杆悬灯，为夜航船只导航。1924年夏，每天一班往返于无锡和湖州之间的大型多层客轮"锡湖号"开航（后停航），杨翰西是该轮船公司股东、董事，故集资建灯塔作为开航纪念，鼋头渚灯塔得以拔地而起。在山水审美中，"美在典型"是最重要的法则之一。太湖美，美就美在山外有山，湖中有湖，山长水阔；美就美在山不高而清秀，水不深而辽阔，兼有海的雄伟和湖的秀丽。而"太湖佳绝处，毕竟在鼋头"，正是"鼋头"提供了欣赏这种太湖之美的最佳角度。在灯塔上眺望太湖，风景层次丰富多样，空间构图千姿百态，且随着季节、气候、视角等不断变化，太湖呈现出变幻无穷、绚丽多彩的画卷。

笔尖上的无锡

图 52　鼋头渚的灯塔随笔

灵山大佛

图54 灵山大佛摄影

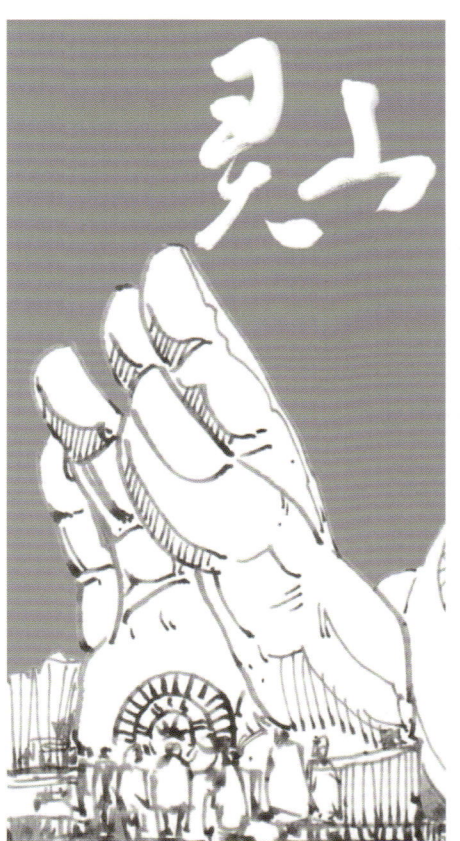

图53 灵山大佛随笔

拈花湾

笔尖上的无锡

图 55　拈花湾随笔

图 56　拈花湾摄影

荣巷

图 57　荣巷随笔

图 58　荣巷摄影

无锡荣巷已有将近 600 年历史。荣巷分上荣、中荣和下荣三个自然村落。清末到民国年间，荣氏家族以荣宗敬、荣德生为代表的民族工商业家群体迅速崛起，使荣巷演变为街镇，给荣巷带来了前所未有的繁荣，荣巷建起了一大批具有时代烙印和乡土特色的建筑。荣巷古镇至今仍保留着清末民初 157 幢风格各异、中西合璧的建筑单体。

梅园冬日

图 59 梅园冬日随笔

笔尖上的无锡

图 60 梅园冬日摄影

印象二　城市地标篇

市中心街景系列

图 61 市中心街景随笔一

笔尖上的无锡

图 62 市中心街景摄影一

市中心街景系列

图 63　市中心街景随笔二

图 64　市中心街景摄影二

市中心街景系列

笔尖上的无锡

图65　市中心街景随笔三

图66　市中心街景摄影三

市中心街景系列

图67　市中心街景随笔四

图68　市中心街景摄影四

市中心街景系列 | 笔尖上的无锡

图 69　市中心街景随笔五

图 70　市中心街景摄影五

三阳广场

图 71　三阳广场随笔

图 72　三阳广场摄影

无锡基督教堂

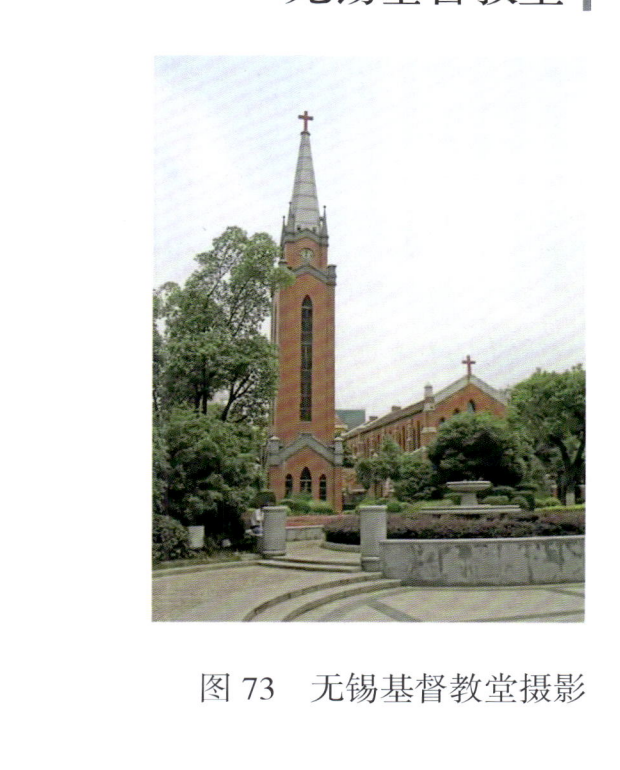

图 73　无锡基督教堂摄影

图 74　无锡基督教堂写生

无锡大剧院

图 75　无锡大剧院随笔

图 76　无锡大剧院摄影

文渊坊

图 77 文渊坊摄影

图 78 文渊坊随笔

笔尖上的无锡

万象城

图 79　万象城随笔

图 80　万象城摄影

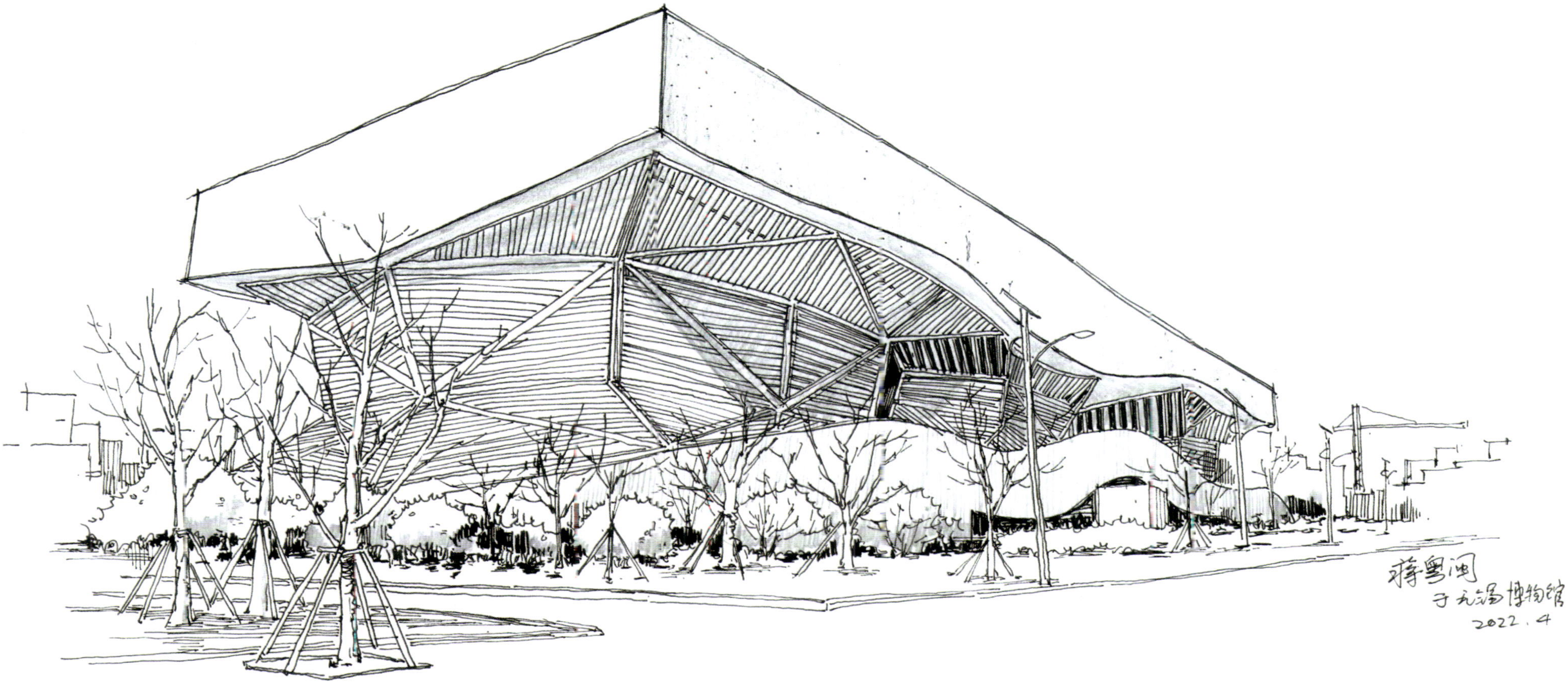

无锡博物馆

图 81 无锡博物馆随笔

图 82 无锡博物馆摄影

无锡市妇幼保健院

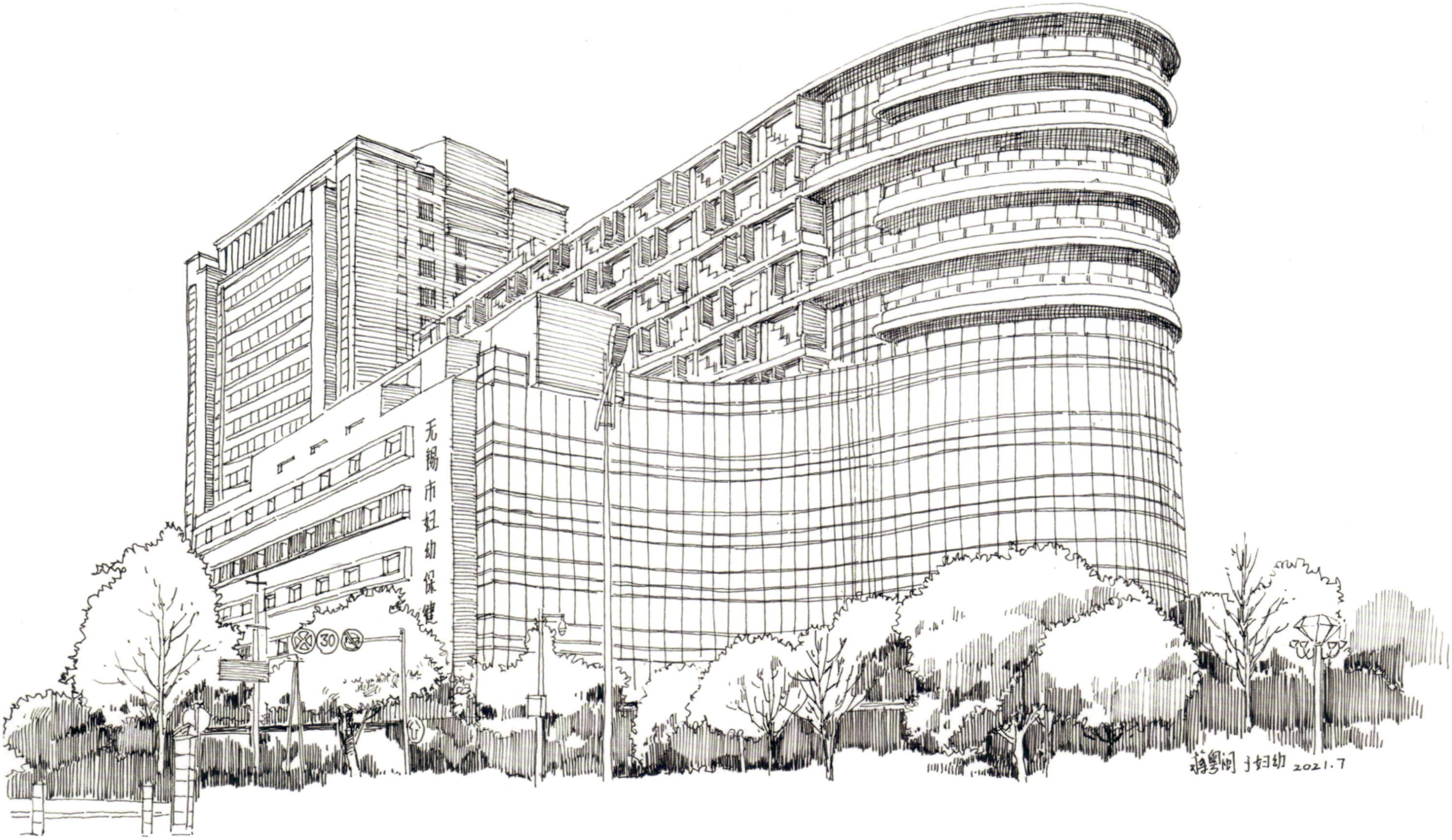

图 83　无锡市妇幼保健院随笔

图 84　无锡市妇幼保健院摄影

无锡八佰伴

图 85　无锡八佰伴随笔

图 86　无锡八佰伴摄影

大成巷

图 87 大成巷随笔

图 88 大成巷摄影

笔尖上的无锡

- 46 -

火车站前

图 89　火车站前随笔

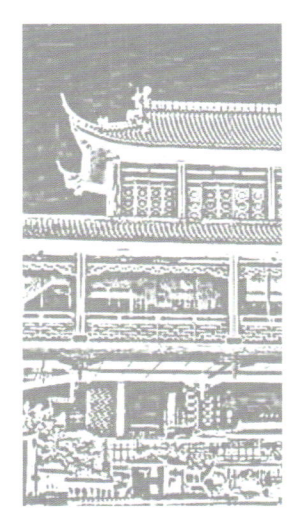

图 90　火车站前摄影

笔尖上的无锡

"大茶壶"

图 91 "大茶壶"随笔

图 92 "大茶壶"摄影

T12 大厦

图93 T12大厦摄影

笔尖上的无锡

图94 T12大厦随笔

- 49 -

财富古运河酒店

图 95　财富古运河酒店随笔

图 96　财富古运河酒店摄影

邮电大厦

图 97　邮电大厦摄影

图 98　邮电大厦随笔

笔尖上的无锡

新华书店

图 99 新华书店随笔

图 100 新华书店摄影

每个城市似乎都应该有一个新华书店,伴随着一代代国人学习成长。

老图书馆

图 101 老图书馆随笔

图 102 老图书馆摄影

新图书馆

图 103　新图书馆随笔

图 104　新图书馆摄影

崇安寺阿炳雕像

图 106　阿炳雕像摄影

图 105　阿炳雕像随笔

恒隆广场

图 107　恒隆广场随笔

图 108　恒隆广场摄影

北仓门

图 109 北仓门随笔

图 110 北仓门摄影

笔尖上的无锡

王兴记

图 111　王兴记随笔

图 112　王兴记摄影

新体中心

和应该有新华书店一样,每个城市似乎都应该有一个体育中心。无锡的新体中心地处无锡市西郊,太湖西大道以北,青祁路以西,建筑路以南,占地面积约为44万平方米。在感叹它的规模的同时,我也时常回忆起儿时在此嬉戏打闹的场景。

图 113　新体中心随笔

图 114　新体中心摄影

润华国际大厦

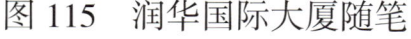

图 115　润华国际大厦随笔

图 116　润华国际大厦摄影

胜利门广场

图117 胜利门广场随笔

图118 胜利门广场摄影

金匮桥

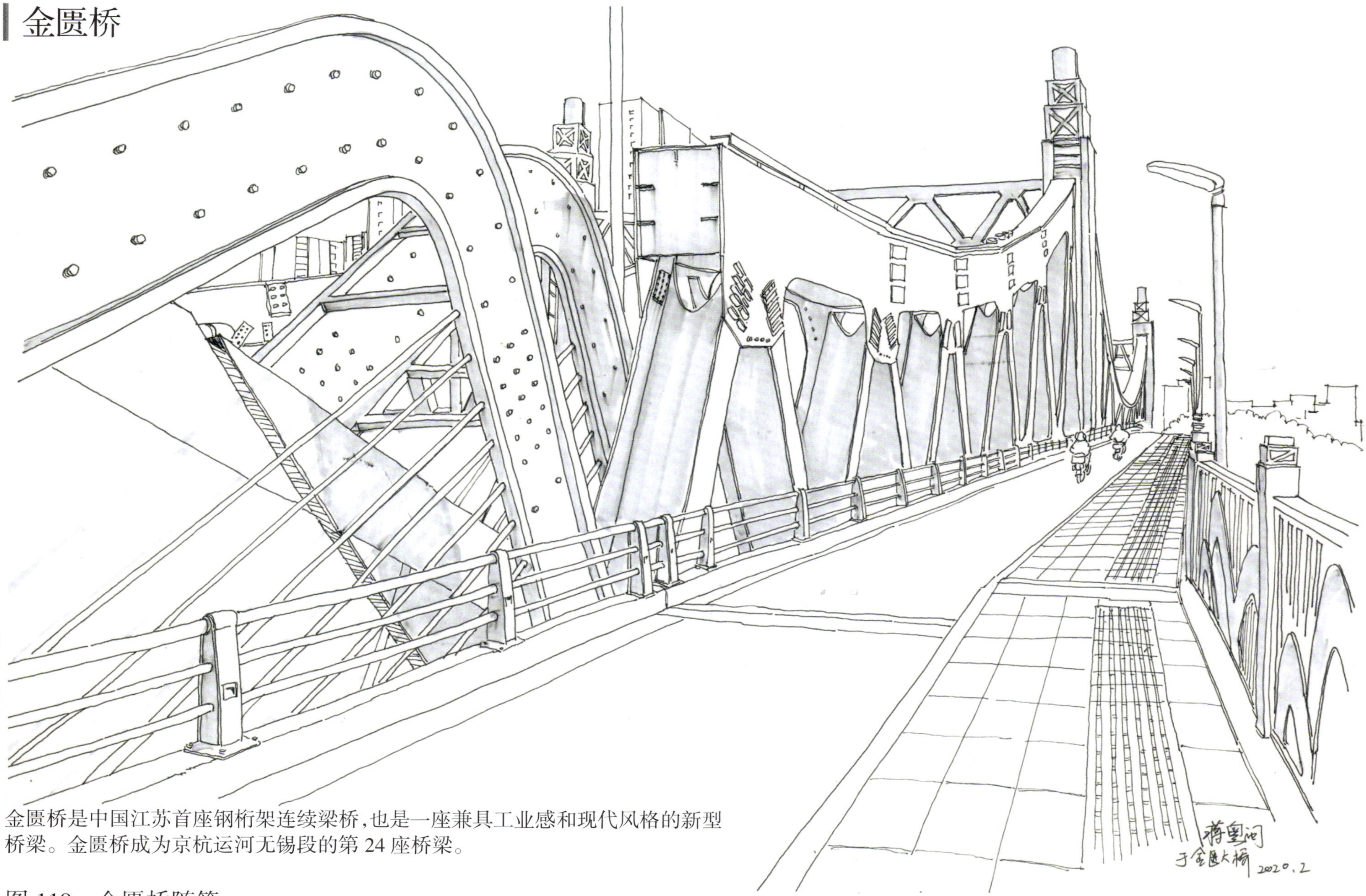

金匮桥是中国江苏首座钢桁架连续梁桥,也是一座兼具工业感和现代风格的新型桥梁。金匮桥成为京杭运河无锡段的第24座桥梁。

图 119　金匮桥随笔

笔尖上的无锡

图 120　金匮桥摄影

君来湖滨饭店

图 121　君来湖滨饭店摄影

图 122　君来湖滨饭店随笔

笔尖上的无锡

古罗马大酒店

图 123　古罗马大酒店随笔

图 124　古罗马大酒店摄影

逅海主题酒店

图 125 逅海主题酒店随笔

图 126 逅海主题酒店摄影

笔尖上的无锡

湖滨商业街

图 127　湖滨商业街随笔

图 128　湖滨商业街摄影

科创园

图 129 科创园随笔

图 130 科创园摄影

无锡国家工业设计园

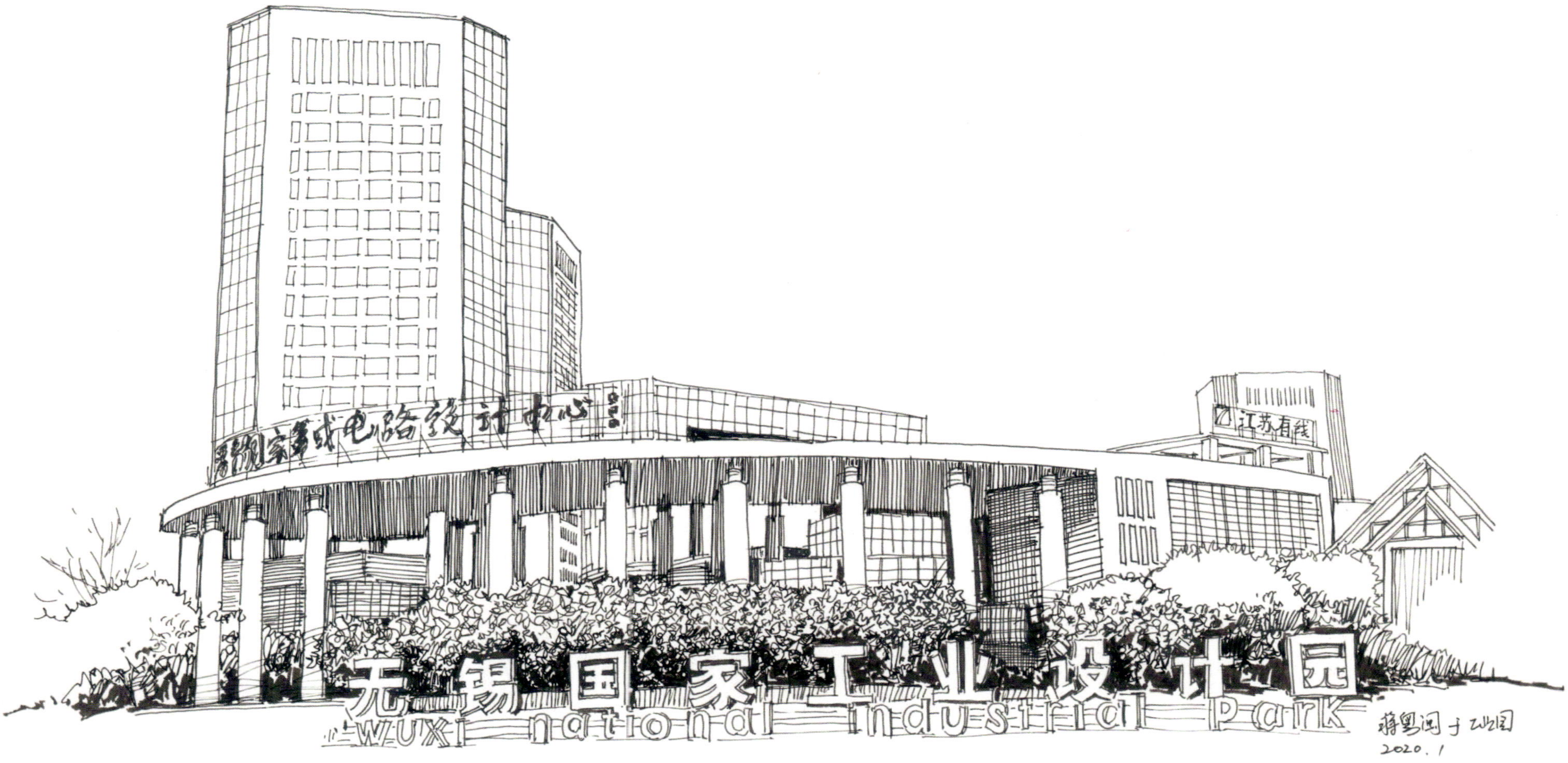

图 131　无锡国家工业设计园随笔

图 132　无锡国家工业设计园摄影

太湖边的摩天轮

图 133　太湖边的摩天轮随笔

图 134　太湖边的摩天轮摄影

中国海关

图 135 中国海关随笔

图 136 中国海关摄影

无锡的凯旋门

图 137　蠡湖中央公园凯旋门随笔

笔尖上的无锡

图 138　蠡湖中央公园凯旋门摄影

蠡湖之光

图 139　蠡湖之光随笔

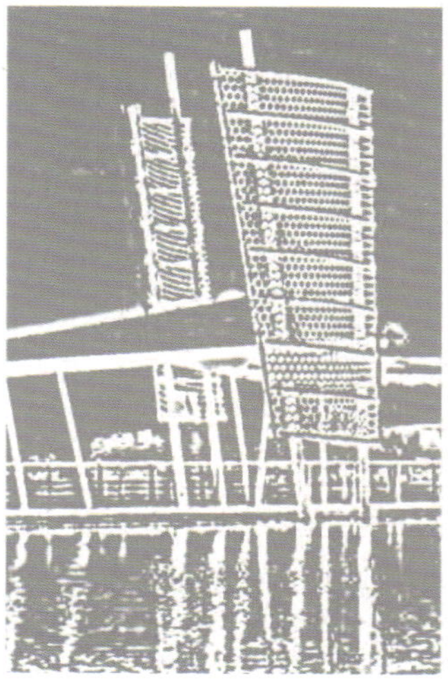

图 140　蠡湖之光摄影

红豆国际大厦

图 141　红豆国际大厦摄影

笔尖上的无锡

图 142　红豆国际大厦随笔

三凤桥肉庄

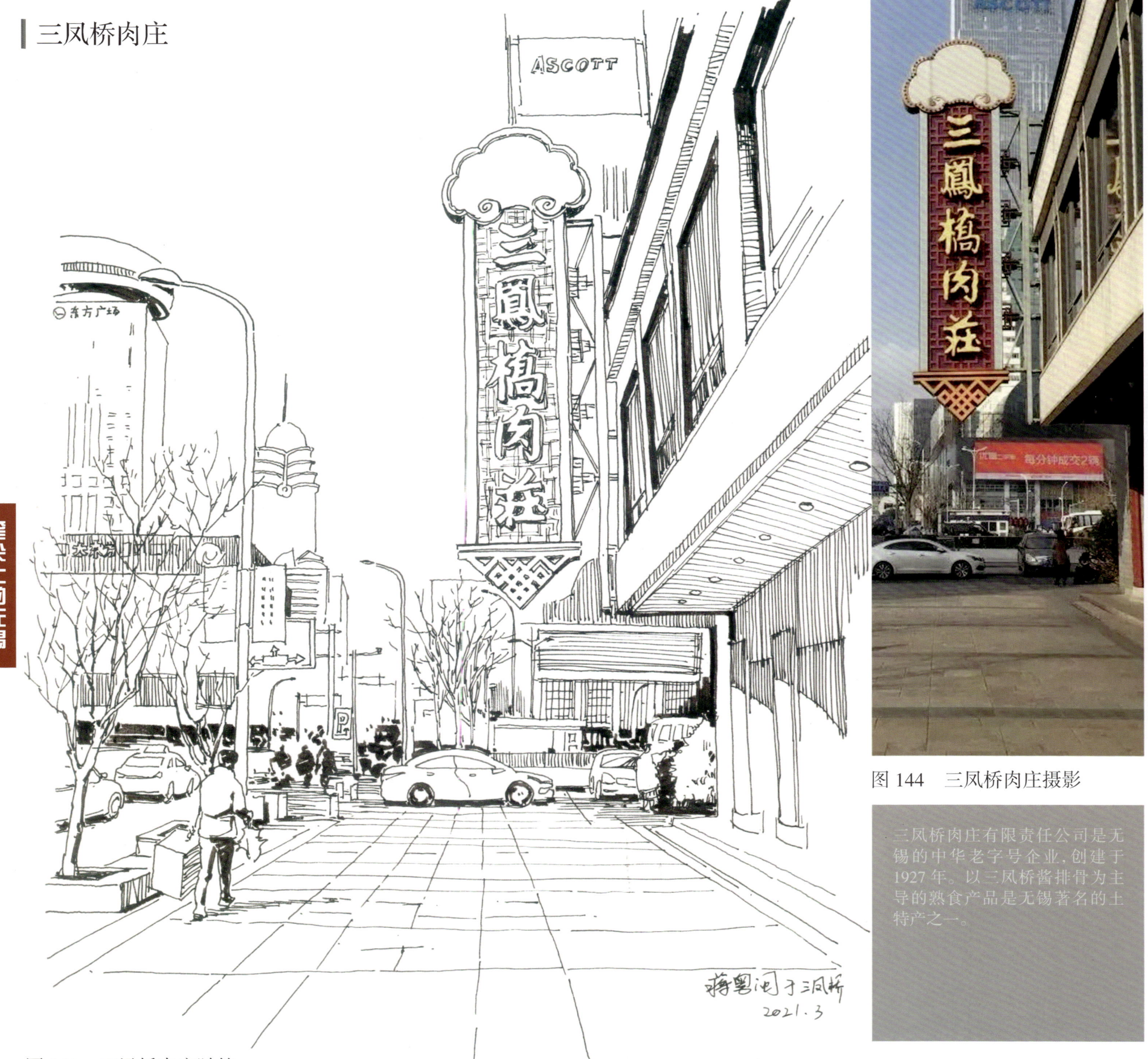

图 143　三凤桥肉庄随笔

图 144　三凤桥肉庄摄影

三凤桥肉庄有限责任公司是无锡的中华老字号企业,创建于1927年。以三凤桥酱排骨为主导的熟食产品是无锡著名的土特产之一。

蠡湖中央公园

图 145 蠡湖中央公园随笔

图 146 蠡湖中央公园摄影

中国银行大楼

图 147　中国银行大楼摄影

笔尖上的无锡

图 148　中国银行大楼随笔

华光珠宝城

图 149 华光珠宝城随笔

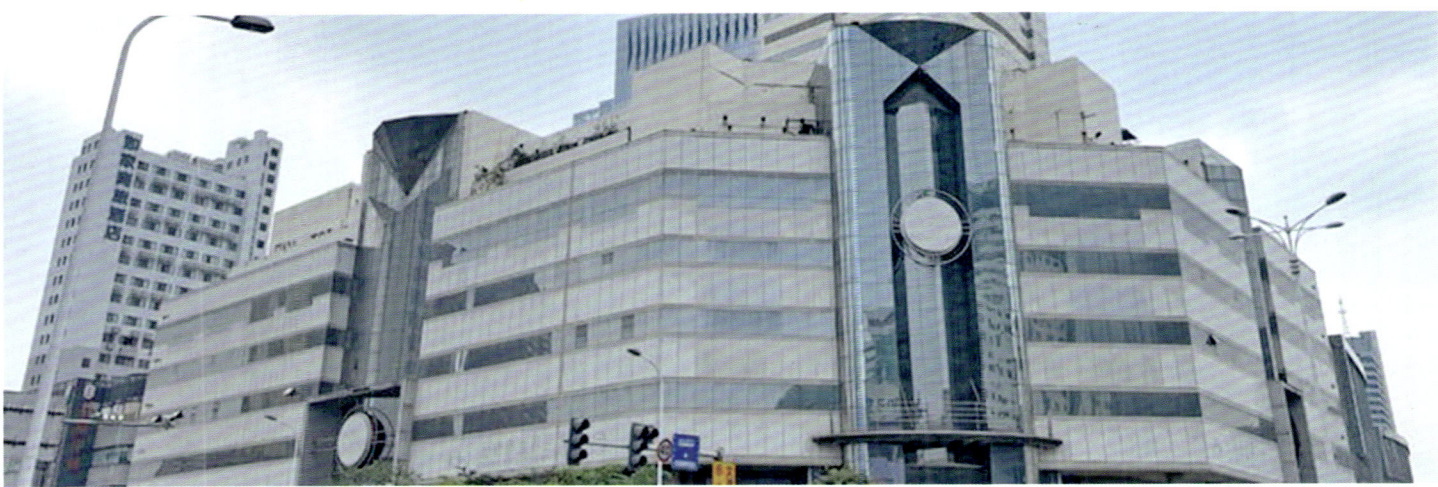

图 150 华光珠宝城摄影

笔尖上的无锡

崇宁路路口

图 151 崇宁路路口随笔

图 152 崇宁路路口摄影

融创无锡太湖秀剧场

图153 融创无锡太湖秀剧场随笔

图154 融创无锡太湖秀剧场摄影

融创茂

图 155　融创茂随笔

图 156　融创茂摄影

梵宫

图 157 梵宫随笔

图 158 梵宫摄影

崇安寺拱北楼

图 159 崇安寺拱北楼随笔

图 160 崇安寺拱北楼摄影

太湖广场

图 161 太湖广场随笔

图 162 太湖广场摄影

消逝的欧洲城

图163 消逝的欧洲城随笔

图164 消逝的欧洲城摄影

运河外滩

图 165 运河外滩随笔

图 166 运河外滩摄影

登上苏宁凯悦鸟瞰无锡

笔尖上的无锡

图 167　苏宁凯悦鸟瞰无锡随笔

图 168　苏宁凯悦鸟瞰无锡摄影

祈福无锡
QI FU WU XI

仅以此书表达对故乡无限的热爱